Norderney

aus der Vogelperspektive

Michael Mehle

ISBN 978-3-86037-609-6

1. Auflage

Lüchower Straße 13a, 29459 Clenze
Telefon (0 58 44) 971 16-0, Telefax (0 58 44) 971 16-39
mail@limosa.de, www.limosa.de

Texte:
Ellen Sörries

Fotos:
Seite 4: Kurverwaltung Norderney
Seite 5: Michaela Hundertmark (alle 4 Fotos)
alle anderen Fotos Michael Mehle

Satz und Layout:
Zdenko Baticeli, Lena Hermann

Korrektorat:
Ulrike Kauber

Unter Mitarbeit von:
Karin Monneweg, Julia Weiß, Doreen Rinke

Gedruckt in der Europäischen Union

Michael Mehle

Norderney

AUS DER VOGELPERSPEKTIVE

Das höchste Bauwerk der Insel: der Norderneyer Leuchtturm

Grußwort

Deutschlands Thalasso-Insel Norderney ist eine der sieben Ostfriesischen Inseln an der Nordseeküste, mitten im Nationalpark »Niedersächsisches Wattenmeer«. Norderney bietet ihren Gästen ein unverwechselbares Ensemble von majestätischer Natur, von inspirierender Weite, von kreativen Konzepten für Gesundheit, Fitness und Balance, von offenem, entspanntem Miteinander sowie von kultureller Vielfalt und moderner Lebensart. Die Insel birgt Werte, die kein Geld der Welt bezahlen könnte. Werte, die sich schwer in Worte fassen lassen. Werte, die auf der Insel selbst erlebt werden sollten.

Genau diese Werte hat der Fotograf Michael Mehle für diesen Bildband durch ungewöhnliche Perspektiven, neue Blickwinkel und imposante Panoramen auf eindrucksvolle Weise festgehalten. Von historischer Bäderarchitektur und mondänem Kulturerlebnis, über spektakuläre Events und friedvolle Naturschauplätze, bis hin zu nostalgischer Grandezza oder coolem urbanen Lifestyle. Die außergewöhnlichen Luftaufnahmen überraschen durch Detailreichtum und -schärfe. Die Vielfalt der Insel spiegelt sich in den facettenreichen Bildern wider. Ich empfehle dieses Buch jedem, der sich einen ganz besonderen Überblick über »meine Insel Norderney« verschaffen möchte.

Viel Freude beim Entdecken neuer Sichtweisen. Lassen Sie sich überraschen, begeben Sie sich auf eine spannende Reise, fühlen Sie den Puls der Gezeiten, werden Sie Teil des Spiels der Elemente, spüren Sie Demut, Freiheit und vor allem Nähe zur Insel.

Wir sehen uns auf Norderney
Herzliche Grüße

Wilhelm Loth
Kurdirektor

Die Liebe zur Fotografie mit der Liebe zur Insel Norderney vereint

Sein erster Besuch auf der Ostfriesischen Insel Norderney im Sommer 1996 hinterließ beim Göttinger Fotografen Michael Mehle einen bleibenden Eindruck: »Mich haben die Natur und die vielen Möglichkeiten des Erholens auf der Insel seit dieser Zeit nicht mehr losgelassen. Seit dem bin ich jedes Jahr ein oder zweimal auf der Insel gewesen.«

Eine Begleiterin bei diesen Besuchen war seit 2012 seine fliegende Kamera, die er liebevoll EVA nennt. Erste Luftaufnahmen waren somit bereits entstanden, als sich Michael Mehle gemeinsam mit dem Edition Limosa Verlag dazu entschied, »auch die schöne Insel Norderney aus der Vogelperspektive zu präsentieren«. Entstanden sind die Aufnahmen, die in diesem Bildband zu sehen sind, bei insgesamt drei Besuchen.

Mit EVA darf Michael Mehle auf maximal 100 Meter Höhe über Grund aufsteigen, die meisten Aufnahmen in diesem Bildband sind jedoch zwischen 20 und 60 Metern aufgenommen. Die Flugzeit beträgt dabei bei einem frischen Akku ungefähr 10 Minuten. Je nachdem, wie stark der Wind ist, kann sich diese Zeit reduzieren, da EVA beim Halten der Position gegen den Wind ankämpfen muss. Jüngst wurde EVA mit neuer Kameratechnik ausgestattet, wodurch sie jetzt mit Vollformatkamera mit 36MP Qualität und einem 35 mm ZEISS Objektiv unterwegs ist.
Der größte Unterschied zur Arbeit in der Stadt war für den Fotografen das fehlende Auto: »Meine Strecken von einem Aufnahmeort zum anderen habe ich zu Fuß oder mit dem Rad zurückgelegt.« Praktisch sei das einerseits, weil die benötigte Technik im Rucksack verstaut immer dabei war, andererseits musste es zum Akkuaufladen zur Unterkunft zurückgehen. Besonders sei es für den gelernten Werkzeugmacher zudem auch gewesen, dort arbeiten zu dürfen, wo andere Menschen Urlaub machen. Für viele Urlauber, ebenso wie für manch einen Norderneyer, war die Tätigkeit von Michael Mehle eine weitere Attraktion auf der Insel und vielerorts wurde der Oktokopter mit großem Interesse beobachtet. Weniger erfreut über das Fluggefährt schienen hingegen die neugierigen Austernfischer zu sein: »Obwohl ich mich weit entfernt von Naturschutzgebieten und Brutplätzen aufgehalten habe, sind kurz nach Aufstieg meiner fliegenden Kamera oftmals mehrere Austernfischer laut schimpfend und kreischend, aber in sicherem Abstand um EVA gekreist.« Die Folge: unzählige Fotos mit Austernfischern mitten im Motiv.

Ein herzlicher Dank von Michael Mehle geht an Ausrufer und Stadtführer Bernd Krüger, der sich nach dem Fototermin noch lange Zeit für den Fotografen nahm und unter anderem Anekdoten über die Insel zum Besten gab. Auch bei den Bildtexten war sein Wissen eine große Hilfe. Ein ebenso herzlicher Dank geht an Stadtarchivar und Museumsleiter Manfred Bätje, der sich nicht nur Zeit zum Überprüfen der Bildtexte nahm, sondern auch Daten und Fakten aus dem Stadtarchiv hervorholte, um die Inhalte noch interessanter zu machen. Für die Zusammenarbeit und den regen Austausch im Entstehungsprozess geht ein großer Dank an Ellen Sörries, deren informative Kurztexte diesen Bildband abrunden.

PHT GmbH AIRPICTURE

Kontakt:
Video- und Luftbildtechnik Michael Mehle
(Lizenzpartner der PHT Airpicture GmbH)
Stauffenbergring 53 · 37075 Göttingen
Telefon: +49 551 5073566
Fax: +49 551 5073567
Mobil: +49 172 5627261
E-mail: mehle@pht-airpicture.de
Internet: www.pht-airpicture.de

FRISIA

Vom Anleger Norddeich Mole aus geht es mit einer Personenfähre der AG Reederei Norden-Frisia zur Insel. Die Überfahrt dauert im Normalfall je nach Wetterlage zwischen 45 und 60 Minuten und wer Glück hat, kann dabei sehen, wie sich Seehunde auf ihren Seehundbänken sonnen. Die Fahrt verläuft nicht in einer geraden Linie vom Festland zur Insel, sondern folgt der leicht gebogenen Fahrrinne, die sich durch die Untiefen des Wattenmeeres zieht und sich naturbedingt verschieben kann. Bereits seit 1888 existiert diese ganzjährige Fährverbindung.

PASSAGIER-
BRÜCKE 3
FAHR-
BRÜCKE 2

Einer der ersten Blickfänge nach dem Verlassen der Fähre ist das 2015 eröffnete Nationalpark-Haus »WattWelten«. Hier erfährt der Besucher alles rund um das Wattenmeer, welches seit 2009 zum UNESCO Weltnaturerbe gehört. Biodiversität, ökologische und geologische Prozesse sowie Nachhaltigkeit sind nur einige der Themen, die Jung und Alt auf insgesamt etwa 600 Quadratmetern Ausstellungsfläche mit zeitgemäßen und erlebnisorientierten Präsentationen nähergebracht werden. Von den 2500 Windzeigern an der Fassade sind manche im Wind beweglich.

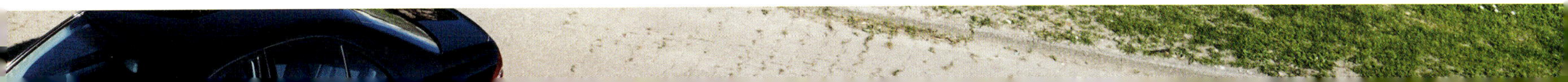

ZONE
Ausfahrt
Parkplatz
Kurzzeitparkplatz

In der Zeit von Ende März bis Ende Oktober und zum Jahreswechsel gilt eingeschränktes Fahrverbot auf der Insel. Im Stadtkern dürfen Autos – falls keine Sondergenehmigung vorliegt – nur eine Stunde nach der Anreise und vor der Abreise auf direktem Wege vom Hafen zur Unterkunft und zurück fahren. Wer vor Ort keinen Parkplatz hat, sein Auto aber dennoch nicht auf dem Festland zurücklassen möchte, für den gibt es drei große Parkplätze, an denen man auf der Fahrt vom Hafen zur Stadt vorbeikommt.

»Haus Schiffahrt«

Das 1896 durch die »königlich preußische Bahndirektion« erbaute »Haus Schiffahrt« ist deutschlandweit der einzige Bahnhof ohne direkten Gleisanschluss. In früheren Zeiten war das Gebäude eine Halle zur Abfertigung von Gepäck und anderem Stückgut, heute ist es ein historisches Bauwerk. Seit der Sanierung 1984 gehört das »Haus Schiffahrt« der AG Reederei Norden-Frisia und beherbergt neben den Schaltern der Frisia auch Schalter der Deutschen Bahn.

CONVERSAT

Ein Herzstück der Insel ist das Conversationshaus mit der Stadtbücherei und dem Lesesaal, der Touristeninformation, zwei großen Veranstaltungssälen, einer Spielbank mit Automatensaal und einem Café. Mit der Umgestaltung 2008 erhielt es wieder seinen ursprünglichen Namen, nachdem es seit Anfang der 1920er Jahre als »Kurhaus« bekannt gewesen war. Der alte Schriftzug »Kurhaus« wurde auf der Rückseite befestigt, damit er nicht ganz in Vergessenheit gerät. Das erste hier errichtete Conversationshaus von 1800 war lediglich eine strohbedeckte Holzkonstruktion.

Kinderparadies Weststrand

Dank des großen Abenteuerspielplatzes, der Trampoline und des Kletterparks gilt der Weststrand als Kinderparadies. Besonders beliebt ist dieser Badestrand zudem aufgrund seiner Nähe zum Hafen, wodurch den vorbeifahrenden Fähren gewinkt werden kann. Einfach mit zum Strandleben dazu gehören die Strandkörbe, die während der Saison für einen Tag oder aber den gesamten Urlaub gemietet werden können. Ob auf der Wiese oder direkt im Sand, der eigene Strandkorb sollte bei der Urlaubserfahrung nicht fehlen.

Von Traditionen, Stränden und Prominenz auf Norderney

Fünf bewachte Badestrände gibt es auf Norderney, einer davon ist das Westbad. Von hier aus kann nicht nur die Nachbarinsel Juist, zu der seit jeher eine freundschaftliche Rivalität besteht, gesehen werden, sondern auch das deutsche und bei gutem Wetter sogar das holländische Festland. Der Weststrand dient, wie auch die übrigen Strände, gleichzeitig als Veranstaltungsort. Gleich zu Jahresbeginn geht es hier los mit dem traditionellen »Anbaden« um 12 Uhr mittags am 1. Januar eines jeden Jahres. Dabei stürzen sich hunderte Mutige in die kalten Fluten. Zu Ostern findet neben dem Osterfeuer regelmäßig das »Eiertrullern« statt. Die Tradition dahinter sieht so aus, dass die hartgekochten Eier die Dünen hinabgetrullert werden und Sieger ist, wessen Ei zuerst unten ankommt (geworfen werden darf nicht). Der Gewinner erhält dann das Ei des Verlierers. Heutzutage wird am Westbad jedoch extra eine künstliche Düne errichtet und Sieger ist, wessen Ei am weitesten trullert.

Neben dem Westbad gibt es noch das Nordbad am Nordstrand, das Ostbad »Weiße Düne« sowie den FKK-Strand mit Strandsauna. Zudem gibt es einen bewachten Jugend- und Sportstrand, der vom Kreis Detmold unterhalten wird. Bereits 1800 wurde die erste offizielle Badesaison auf der Insel eröffnet, wodurch Norderney zum ersten Nordseebad Deutschlands wurde. Zu dieser ersten Saison kamen 250 Badegäste, schon zur Mitte des Jahrhunderts vermehrte sich dies auf über 2000 Gäste. Im Jahr 2014 hatte Norderney über 500 000 Gäste bei rund 3,5 Millionen Übernachtungen.

Allein durch das Königshaus Hannover, zu welchem Norderney 1815 bis 1866 gehörte, kam viel Prominenz auf die Insel, so etwa Clara und Robert Schumann. Ab 1866 gehörte Norderney dann zu Preußen, Gäste dieser Zeit waren zum Beispiel Theodor Fontane und Otto von Bismarck. Damals besuchten Damen und Herren die Strände noch getrennt. Der heutige Weststrand sowie ein Teil des Nordstrandes waren allein für die Damen reserviert, weshalb noch heute die parallel zum Weststrand verlaufende Straße »Damenpfad« heißt. Der damalige Strand für die Herren lag vor der »Georgshöhe«, sein Zugang war der »Herrenpfad«. Auch dieser Straßenname existiert heute noch.

Impressionen von Norderney: Kletterpark, Kinderspielplatz am Weststrand, »Haus am Weststrand«

Zentrale Anlaufstelle des Weststrandes ist die Badehalle (grünes Dach), in der sich Duschen, Umkleiden, ein Kiosk sowie die Strandkorbvermietung befinden. Direkt hieran angeschlossen ist das Restaurant »Giftbude«. Links daneben befindet sich das »Haus am Weststrand«, früher »Vestisches Kinderheim«. Im Anschluss daran (gelbes Haus) das heutige Hotel »Pique«, zusammengesetzt aus den früheren Villen »Olga« und »Mathilde«. Lohnenswert ist auch ein Besuch des links daneben stehenden Rettungsschuppens der Deutschen Gesellschaft zur Rettung Schiffbrüchiger (DGzRS).

Dichter-Pavillon »Marienhöhe«

So manche berühmte Persönlichkeit hat es im Laufe der Jahrhunderte nach Norderney gezogen. Eine dieser Persönlichkeiten war Heinrich Heine, der der Legende nach auf dieser Düne sein »Lied am Meer« geschrieben haben soll. Auch wenn dies nicht der Wahrheit entspricht, so ist es doch Tatsache, dass Königin Marie von Hannover dem Dichter zu Ehren auf der Dünenkuppe einen Holzpavillon errichten ließ, der heute noch als »Marienhöhe« bekannt und einer der ersten Blickfänge bei der Anreise zur Insel ist.

Touristenmagnet »Milchbar«

Ein beliebter Treffpunkt für Gäste wie auch den einen oder anderen Norderneyer ist die heutige »Milchbar«. Heutzutage kann dort zu jeder Jahreszeit der Blick auf das Meer genossen werden, früher hingegen war der Betrieb im Winterhalbjahr geschlossen. Zunächst diente das Gebäude als Lesehalle des Berliner Scherl-Verlages, ab 1935 wurde es zur »Milchbar«, zur Zeit der englischen Besatzung 1945 bis 1951 zur »Military church« und zum »Tea- and Coffeeroom«, und seit 1951 wieder zur »Milchbar«.

Die schönsten Sonnenuntergänge auf Norderney lassen sich entlang des Strandes bewundern. Zu diesen unvergesslich schönen Stunden zieht es immer wieder unzählige Menschen, Gäste wie Norderneyer gleichermaßen, auf die Wiesen, Promenaden und Strände. Kein Sonnenuntergang gleicht dem anderen, weshalb es sich jeden Tag aufs Neue lohnt, die ruhigen Stunden bei einem kleinen Umtrunk mit Freunden oder in der Stille zu genießen.

Die evangelisch-lutherische Kirche ist eine von insgesamt vier Kirchen auf der Insel und wurde 1878/79 auf dem Platz der alten Inselkirche aus dem frühen 16. Jahrhundert gebaut. Ihr Turm ist 25 Meter hoch, das Gebäude selbst größtenteils von Efeu umrankt. Auf der einen Seite der Kirche steht eine Statue Martin Luthers, daneben wurde 2014 ein Apfelbäumchen gepflanzt. Auf der anderen Seite befindet sich der ehemalige Friedhof. Neben den Gottesdiensten finden in der Inselkirche auch regelmäßig kirchenmusikalische Veranstaltungen statt.

Ob bei gutem oder schlechtem Wetter, im Spielpark »Kap Hoorn« wird es nie langweilig. Im neuen Kurpark gelegen fügt sich der weitläufige Outdoorbereich mit Toren, Skaterflächen und einer Seilbahn nahtlos in die Umgebung ein. Der Indoorbereich ist mit weißem Dünensand ausgelegt und ein wahrer Erlebnis- und Kletterpark für Groß und Klein. Hier findet sich zudem das Büro der Kinderkurdirektoren, ein in Deutschland einzigartiges Amt, das seit 2011 vom Staatsbad für je ein Jahr an einen oder eine Norderneyer(in) im Alter von neun bis zwölf Jahren vergeben wird.

Zur Mühle

Als einzige Windmühle auf den Ostfriesischen Inseln wurde 1862 »Selden Rüst« (plattdeutsch für »Selten Ruhe«) erbaut. Mitte des 19. Jahrhunderts hatte sich der Bedarf an Mehl durch die wachsende Gästeanzahl so rapide erhöht, dass eine eigene Windmühle nötig wurde, um das angelieferte Getreide schneller mahlen zu können. Hinzu kam, dass es beim Transport von Mehl auf die Insel immer wieder zu Engpässen und Missständen gekommen war. Heute ist »Selden Rüst« ein Bau- und Industriedenkmal und gilt als eines der Wahrzeichen Norderneys.

Dank einer Süßwasserlinse unterhalb der Insel haben die Norderneyer ihr eigenes Trinkwasser, das reich an Mineralien und Spurenelementen ist. Aufgrund einer Torfschichtung weist es eine leicht gelbliche Färbung auf, die nur durch Chemikalien zu behandeln wäre. Da sie aber rein natürlich ist, wird darauf verzichtet. Der 42 Meter hohe Turm ist einer der Wasserspeicher, der die Insel mit Wasser versorgt. 500 000 Liter Trinkwasser werden in diesem 1929 erbauten und für die Öffentlichkeit leider verschlossenen Turm gespeichert.

Links im Bild zu sehen ist der Inselfriedhof, auf dem sich an einer Wand der Friedhofskapelle auch eine Tafel mit den Namen der auf See gebliebenen Einwohner befindet. Rechts zu sehen ist die Seeklinik, die bis vor wenigen Jahren noch als Kinderkrankenhaus Seehospiz »Kaiserin Friedrich« geführt wurde. Am 1. Juni 1882 eröffnet, wurden dort Kinder mit verschiedensten Erkrankungen behandelt, hauptsächlich der Atemwege und der Haut. Die Gründung geht zurück auf die Initiative des Marburger Professors Friedrich Wilhelm Beneke (1824 – 1882).

Der Wandel der Insel durch Natur und Menschenhand

Der Bereich unterhalb der »Milchbar« und der »Kaiserwiese« gehört nicht mehr zu den Badestränden von Norderney. Das Baden außerhalb dieser speziell gekennzeichneten und von »Strandkapitänen« und ihren Mitarbeitern überwachten Zonen ist aufgrund von Strömungen gefährlich und daher untersagt, so auch hier.
Entlang der »Kaiserstraße« verläuft oberhalb der Promenade die »Kaiserwiese«. Hier befanden sich um die Jahrhundertwende Tennis- und Reitplätze. Nach der großen Sturmflut von 1962 wurde zur Sicherung des Ortes mit der Erneuerung der Promenade und der Erhöhung der »Kaiserwiese« begonnen. Eine weitere Erhöhung zu ihrer heutigen Lage erfolgte nach einer erneuten großen Sturmflut 1976. Die Arbeiten an der Promenade sind seit einigen Jahren abgeschlossen und es wird davon ausgegangen, dass der »blanke Hans« keine größeren Schäden mehr anrichten kann.
Ebenfalls zur Jahrhundertwende befand sich vor der heutigen »Milchbar« bis 1925 ein eisener Seesteg, der sich 200 Meter ins Meer hinaus erstreckte. Am Ende befand sich eine 100 Meter lange Plattform, die als Promenade über dem Wasser diente und etwa 1000 Personen Platz zur Luftkur bot. In den Wintermonaten wurde dieser Steg zerlegt und in einer anliegenden Halle gelagert. Das heutige »Hotel Seesteg«, ein ehemaliger Strandkorbschuppen, trägt seinen Namen in Anlehnung an diesen Steg. Aus den einstigen Hotels der »Kaiserstraße« wurden im Laufe der Jahre überwiegend Eigentumswohnungen, insbesondere der »Kaiserhof« und der »Europäische Hof«.
Viele Gäste stören sich heute bei der Anreise auf die Insel an den modernen Bauten, unter anderem an den Hochhäusern. Mitte der 1960er Jahre war dieser Baustil jedoch üblich, um möglichst vielen Festländern ein Eigentum und Feriensitz auf der Insel zu ermöglichen. Daher gelten sie als Teil der insularen Baugeschichte. Die im Vordergrund zu sehenden Buhnen dienen der Sicherung des Inselwestkopfes, denn sie verhindern die Abtragung des Sandes durch die Strömung. Immer wieder muss durch kostenaufwändige Sandaufspülung dieser Teil der Insel erhalten werden.

Impressionen von Norderney: »Milchbar«, Strandpromenade unterhalb der »Kaiserwiese«, Sonnenuntergang am Weststrand

Das Wahrzeichen Norderneys ist das Kap, welches seit 1928 auch das Wappen der Insel ziert. Bereits 1848 war ein erstes Konstrukt ähnlich einer Pyramide errichtet worden, 1870 folgte eine neue Konstruktion aus Stein in der heute bekannten Form. Diese war 1930 so baufällig, dass sie neu aufgebaut werden musste. Für die Küstenschifffahrt war die Insel Norderney, die von der offenen See her sehr stark der Insel Langeoog glich, an dem hölzernen Dreieck auf dem Kap zu erkennen.

Party-Meile »Januskopf«

Die »Party-Meile« Norderneys ist das Eventgelände am »Januskopf«. Die wohl größten Veranstaltungen hier sind das »White-Sands-Festival« im Mai und die »Summertime Norderney« im Juli/August. Zur »Summertime« gibt es verschiedene musikalische Veranstaltungen, mit je zwei großen Hauptacts. So waren unter anderem schon musikalische Größen wie Adel Tawil, Unheilig, Nena, BAP und viele mehr zu Besuch auf der Insel. Die »Summertime« lockt jedes Jahr mehrere Tausend Besucher auf die Insel und besonders auch an den »Januskopf«.

SONY
SONY
WEIN LOUNGE
WEIN LOUNGE
Herforder
ROSIER
Coca-Cola
Coca-Cola
König Event Marketing
König Event Marketing
meine Insel NORDERNEY
meine Insel NORDERNEY

Eines der größeren Events am »Januskopf« ist das »White-Sands-Festival«, eine Mischung aus Spitzensport und Partynächten. Während draußen auf dem Meer der »Rollei-Windsurf-Cup« ausgetragen wird, liefern sich an Land die Beachvolleyballer spannende Kämpfe. Die Hauptspiele werden im Centercourt ausgetragen, der 1000 Fans fasst. Auf den Promenaden gibt es Verpflegung, Souvenirs und vielerlei Informationsstände, alles eingebettet zwischen Dünen, Strand und Meer. Allein 2015 hatte das Event täglich rund 10000 Besucher.

Brandung des Nordstrandes

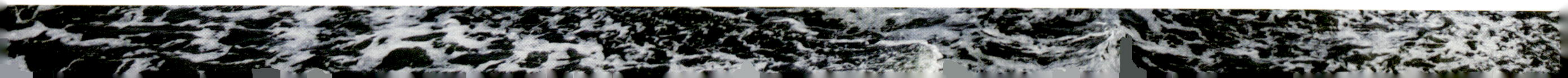

Der größte unter den Norderneyer Badestränden ist das Nordbad. Hier gibt es neben zwei Badefeldern und Kinderspielplätzen auch verschiedene Sportfelder. Besonders beliebt ist der Blick auf das offene, endlose Meer und die Brandung, die zum abenteuerlichen Baden (während der Badezeiten!) einlädt. Wie an jedem der Norderneyer Badestrände wachen auch hier die »Strandkapitäne« und ihr Team aus ausgebildeten Rettungsschwimmern über die Sicherheit der Badegäste.

»Meierei«, Reitschule und Krankenhaus

Die »Meierei« war, wie es der Name bereits verrät, Norderneys eigene Molkerei. Viele Jahre gab es auf der Insel Milchkühe, deren frische Milch direkt hier verarbeitet werden konnte. Später wurde aus dem Gebäude ein Restaurant und seit dem Zweiten Weltkrieg galt die »Meierei« jahrzehntelang als östliche Bebauungsgrenze der Insel. Rechts neben der »Meierei« befindet sich die 1961 gegründete »Reitschule Junkmann«, links im Hintergrund (weißes Gebäude) ist das Norderneyer Krankenhaus zu sehen.

Ein unwiderruflich mit Norderney verbundenes Gesicht ist das von Bernd Krüger. 1964 aus der »Rattenfängerstadt« Hameln auf die Insel gekommen und 1998 in Rente gegangen, hat er seit dem Frühjahr 1999 auf Wunsch des Kurdirektors Wilhelm Loth die alte Tradition des Ausrufers wiederbelebt. In dieser Funktion ist er in den Sommermonaten immer vormittags im Stadtgebiet in seiner unverkennbaren Uniform und mit großer Glocke unterwegs, verkündet Neuigkeiten und steht den Gästen für Fragen aller Art zur Verfügung.

Letzte Ruhestätte für Haustiere

Eine Besonderheit der Insel ist der so genannte »Tierfriedhof«, auf dem verstorbene Haustiere begraben werden dürfen. Der ursprüngliche Gedanke dieses auch als »Pferdefriedhof« bekannten Stückes Land bestand darin, dass große, verendete Tiere nicht mehr aufs Festland transportiert werden mussten. Im Laufe der Jahre änderten sich jedoch die Gesetze, so dass heute nur noch die Bestattung von kleineren Tieren geduldet wird. Viele der Gräber sind mit persönlichen Erinnerungen und Namensschildern versehen.

Östlich von der Stadt wird auch auf Norderney noch Land- und Viehwirtschaft betrieben. Fest mit der Insel verbunden sind hierbei die Pferde. In früheren Zeiten bereits als Zugtiere eingesetzt, nutzte man sie ab der 1930er Jahre auch in der Landwirtschaft. Heute gibt es rund 100 Pferde auf der Insel, viele davon privat, überwiegend jedoch im »Reiterhof Harms« und der »Reitschule Junkmann«. Seit einigen Jahren gibt es auf der Insel zudem Galloway-Rinder; die Insel verlassen haben hingegen die Schafe, die viele Jahrzehnte die Deiche begrasten.

Eines der beliebtesten Ausflugsziele der Insel ist die »Weiße Düne«, die schon im 19. Jahrhundert gerne besucht wurde, damals noch mit der Pferdekutsche. In einer Holzbaracke, die bereits vor oder während des Zweiten Weltkrieges dort stand, wo das heutige Gebäude zu finden ist, wurde nach der Einrichtung des Strandbades ein Restaurant eröffnet. Benannt ist der Strand nach der »Weißen Düne«, die noch in der zweiten Hälfte des 19. Jahrhunderts eine der letzten großen Wanderdünen auf der Insel war, bevor Anpflanzungen den Sand bändigten.

Fluggeschichte Norderneys und das östliche Ende der Insel

Nicht nur auf dem Wasserwege, auch per Luft lässt sich Norderney erreichen und das in weniger als 10 Minuten Flugzeit vom Festland aus. Seit 1970 befindet sich der Flugplatz von Norderney direkt neben dem Leuchtturm, doch die Geschichte der Flugfahrt auf Norderney begann schon 60 Jahre zuvor, als im Jahre 1910 Schauflüge der Ikaros-Gesellschaft anlässlich der »1. Norderneyer Sportwoche« stattfanden. Der Ausbruch des Ersten Weltkrieges führte dazu, dass der Flugplatz, der zu diesem Zeitpunkt noch unweit des Hafens lag, zu einer der größten Flugstationen der Nordsee ausgebaut wurde. In den kommenden Jahren entwickelte sich der Zivilflugverkehr immer weiter, doch dies nahm mit dem Zweiten Weltkrieg ein Ende, die Station wurde nun zu einem bedeutenden Luftwaffenstützpunkt. Nach dem Krieg wurden die Fluganlagen von den Alliierten demontiert und die Ablaufbahnen für Wasserflugzeuge sowie die Stellflächen aus Beton zerstört. Heute befinden sich an dieser Stelle eine Wiese sowie Wohngebiete.

Nach einem zwischenzeitlichen Versuch des Wiederaufbaus an anderer Stelle in den 1950er Jahren und der Neugründung der Flughafen Norderney GmbH »Fluhaney« wurde 1970 schließlich der heute bekannte Flughafen im »Grohdepolder« neben dem Leuchtturm errichtet. Hier findet sich zudem ein Restaurant mit Aussichtsterrasse, von der aus das Treiben zu Wasser, Land oder in der Luft beobachtet werden kann.

Mit Ausnahme des Flugplatzes sowie der Siedlungs- und Infrastrukturgebiete ist die Insel Norderney ein Teil des Nationalparks »Niedersächsisches Wattenmeer«. Insgesamt 85 Prozent der Inselfläche gehören zu diesem Nationalpark, der in die drei Schutzzonen Ruhezone (I), Zwischenzone (II) und Erholungszone (III) aufgeteilt wird.

Folgt man der Straße an Flughafen und Leuchtturm vorbei weiter gen Osten, so gelangt man schließlich zum so genannten »letzten Parkplatz«. Von hieraus darf nur noch zu Fuß weitergegangen werden und das ausschließlich auf ausgeschilderten Wanderwegen. Denn der komplette östliche Teil der Insel gehört zur Ruhezone des Nationalparks und Tier- und Pflanzenwelt sollen schließlich nicht gestört werden. Ein Wanderausflug zum östlichsten Ende der Insel, der so genannten »Spitze« und dem dort liegenden Wrack, lohnt sich aber auf jeden Fall.

Impressionen von Norderney: Golfplatz, Leuchtturm von oben, Leuchtturm mit Flugplatz im Hintergrund

Badestrand »Weiße Düne«

Im August 1949 wurde das Ostbad »Weiße Düne« als weiterer Badestrand eröffnet, nachdem durch erhebliche Sandverluste die ortsnahen Badestrände nicht mehr ausreichten und so die Notwendigkeit für einen weiteren Badestrand bestand. Auch hier an der »Weißen Düne« finden immer wieder größere Veranstaltungen statt, etwa das jährliche »Kempa-Beachhandball-Turnier«, eine Hallenfete in der Strandkorbhalle und ein Freiluftkino. Folgt man dem Strand weiter in Richtung Osten, so gelangt man zum letzten Badestrand, dem FKK-Strand mit Strandsauna.

Norderneys Leuchtturm dreht links herum

Der 1871 bis 1874 erbaute Norderneyer Leuchtturm unterscheidet sich nicht nur durch sein Äußeres von anderen Leuchttürmen, er ist zudem auch der einzige an der deutschen Nordseeküste mit einem »linksdrehenden« Leuchtfeuer. Knapp 60 Meter ist er hoch, 54,6 Meter ohne seine Laterne. Damit ist er das höchste Bauwerk der Insel und um die Zuschauergalerie unterhalb der Laterne zu erreichen, müssen die Besucher 253 Stufen erklimmen. Noch heute ist der Norderneyer Leuchtturm ein aktives Seezeichen, seine Lichtstrahlen können noch in 42,6 Kilometern (23 Seemeilen) Entfernung gesehen werden.

»Insulaner fahren Rad«, heißt ein Sprichwort der Insel. Auf rund 80 Kilometer Radwanderwegen, die durch die Dünenlandschaften und auf den Deichen entlangführen, lässt sich die Schönheit der 26 Quadratkilometer großen Insel besonders gut erkunden. Viele kleine Hütten entlang der Wege laden zu einer Verschnaufpause ein und bieten Schutz vor Regen. Der Ostteil der Insel jedoch, eine Ruhezone und somit ein geschützter Teil des Nationalparks, darf ab einem gewissen Punkt nicht mehr befahren werden. Autos wie auch Räder müssen am »letzten Parkplatz« zurückgelassen werden.

Der Golfplatz von Norderney ist inmitten des Norderneyer »Gebirges«, den Dünen, gelegen und damit Deutschlands einziger Links-Course (»Links« bedeutet hier so viel wie »Strand« oder »Dünen«). Mit nur drei Löchern begann alles im Jahre 1922, gegründet wurde der Golfclub Norderney e.V. dann 1927 und zählt zu den ältesten Clubs in Deutschland. Neben den Tücken des Neun-Loch-Platzes, etwa hochgelegene Abschläge und kleine Grüns, spielt auch der immer vorhandene Seewind tüchtig mit.

Der Campingplatz »Um Ost« ist einer von vielen Campingplätzen auf Norderney und liegt auf der Südseite der Insel auf der Höhe des Golfplatzes. Von hier aus ist es nur ein kurzer Weg zum Leuchtturm weiter im Osten, zu einem der Strände auf der Nordseite oder zum Wattenmeer im Süden. Aber Vorsicht: das Wattenmeer darf nur unter fachkundiger Führung betreten werden. Eine solche Wattwanderung mit spannenden Erklärungen ist dafür ein umso ereignisreicheres Erlebnis.

Der »Südstrandpolder« ist das älteste Naturschutzgebiet der Insel. Das etwa 140 Hektar große Gebiet wurde 1940/41 für den geplanten Bau eines weiteren Militärflugplatzes eingedeicht, doch die Pläne hierfür wurden nie weitergeführt und die Natur wieder sich selbst überlassen. Zahlreiche Vogelarten haben hier ihre Brut- und Rastplätze und eine der größten Feuchtheiden auf den Ostfriesischen Inseln lässt sich innerhalb des »Südstrandpolders« finden. Der Bereich zählt zur Ruhezone des Nationalparks und darf nur auf den markierten Wegen betreten werden.

1987/88 wurden zur Verstärkung des Hafendeiches Sandmassen benötigt. Diese wurden aus dem Gebiet des »Südstrandpolders« entnommen und durch das gleichzeitige Entfernen von Strauch- und Buschwerk konnte die ursprüngliche Feuchtgebietsvegetation wieder hergestellt werden. Die auch als »Schönungsteiche« bezeichneten Wasserflächen haben unter anderem die Funktion, dem Wasser aus der Kläranlage die Nährstoffe zu entziehen.

Klärschlammvererdung in Norderneyer Kläranlage

Die Norderneyer Kläranlage (hinten rechts) gehört zu den modernsten Anlagen Deutschlands und arbeitet vollbiologisch. Ihr nachgeschaltet ist das komplett ökologische Verfahren zur Klärschlammvererdung, das hier zu sehen ist. Seit 1991 wird der Schlamm nach dem EKO-PLANT st-Verfahren® in Schilfbecken vererdet, womit die Norderneyer Kläranlage die erste großtechnische Anlage war, die dieses Verfahren umsetzte. Ausgelegt ist die Kläranlage auf 50000 Einwohner, um den durch die Gäste erhöhten Bedarf ebenfalls abzudecken.

Die »Wilhelm-Dorenbusch«-Sternwarte Norderney gibt es bereits seit den frühen 1960er Jahren und auch heute noch werden hier Sterne beobachtet. Ihre leicht drehbare Kuppel hat einen Durchmesser von 3,30 Metern und eine Schiebedachöffnung von 90 Centimeter Breite. Direkt an das Gelände der Sternenwarte schließt sich der Norderneyer »Planetenpfad« an, der unser Sonnensystem in einem Maßstab von 1:1 Milliarde abbildet. Am Beginn des »Planetenpfades« steht die Sonne, bis zum Pluto sind es knapp zwei Kilometer Wanderweg.

Eine vielseitige Stadt inmitten eines UNESCO Weltnaturerbes

Nicht einmal sechs Kilometer (gemessen vom Hafen Norderney bis zum Norder Ortsteil Ostermarsch) trennen die Insel maximal vom Festland, an manchen Stellen sind es sogar nur drei (gemessen von der Wattseite östlich des »Grohdepolders« bis Hagermarsch und Neßmersiel). Bei Niedrigwasser kann – unter Führung einer fachkundigen Person – eine Wattüberquerung vom Festland zur Insel unternommen werden.

Mit einer Fläche von insgesamt rund 26 Quadratkilometern ist Norderney die zweitgrößte der Ostfriesischen Inseln und die neuntgrößte der deutschen Inseln insgesamt. Rund 14 Kilometer ist sie in ost-westlicher Richtung lang, gerade mal 2,5 Kilometer an der breitesten Stelle in nord-südlicher Richtung. Der Gemeinde Norderney wurde 1948 das Stadtrecht verliehen, seit 1978 gehört die Stadt mit rund 6000 Einwohnern zum Landkreis Aurich. Die Stadt selbst umfasst die gesamte Insel, die drei Stadtteile (Stadtkern, Fischerhafen und Nordhelm) liegen jedoch in enger Nachbarschaft im äußersten Westen der Insel. Die restliche Fläche ist mit einigen wenigen Ausnahmen kaum bebaut und bewohnt.

Der Nationalpark »Niedersächsisches Wattenmeer«, zu welchem Norderney zu 85 Prozent gehört, besteht seit dem 1. Januar 1986, sechs Jahre später wurde das Wattenmeer zum UNESCO Biosphärenreservat erklärt, am 26. Juni 2009 schließlich zum UNESCO Weltnaturerbe. Das Niedersächsische Wattenmeer ist rund 345.800 Hektar groß und erstreckt sich vom Dollart im Westen über die Emsmündung, die Ostfriesischen Inseln und den Jadebusen bis zur Elbmündung bei Cuxhaven im Osten. Für zehn bis zwölf Millionen Zugvögel ist es die Drehscheibe des Vogelzuges, da es ihnen ein großes Büfett bietet auf ihren Reisen zu den Überwinterungsgebieten in Afrika und den Brutgebieten auf Grönland und in der sibirischen Taiga. Auch auf Norderney können daher zweimal pro Jahr tausende Vögel auf ihren Reisen beobachtet werden. Gerade der »Südstrandpolder« (links im Bild) ist dabei während der Zugvogeltage ein beliebter Beobachtungspunkt für Vogelfreunde.

Weiterhin im Bild zu sehen ist das Norderneyer Surfbecken und rechts der Norderneyer Hafen.

Impressionen von Norderney: Hafenbecken, »Südstrandpolder«, Hafeneinfahrt mit Blick auf das Hafenbecken

Kleingartenkolonie »Schlickdreieck«

Kleine Paradiese auf Norderney finden sich in den Kleingärtenanlagen, dem »Schlickdreieck« mit 120 Gärten (hier zu sehen) und dem »Gaswerkgelände« mit 80 Gärten. Das ältere der beiden ist das »Gaswerkgelände«, das seinen Namen von dem früher in unmittelbarer Nähe stehenden Gaswerk erhalten hat. Das »Schlickdreieck« ist nach dem Untergrund benannt worden, der durch Aufspülung dem Meer abgekämpft worden war. Der Deich, der die Kleingärten hier von der nördlich liegenden Sportanlage trennt, war früher ein Schutzdeich der Insel, heute ist es nur noch ein Schlafdeich.

Wassersport im Norderneyer Surfbecken

Von Mitte März bis Mitte Oktober herrscht reges Treiben am Strand des Fischerhafens, wo die »Happy«-Surfschule zu finden ist. Schnupperkurse im Surfen, Kitesurfen und Kajakausflüge sowie Verleih und Lagerung sind nur einige der Angebote. Das große Wasserbecken wird während des Niedrigwassers gerne für Erkundungen des Wattenmeeres genutzt, bei Hochwasser ist es der ideale Platz, um in geschützter Umgebung das Surfen zu erlernen.

Norderneyer Hafenbecken

Zentrum des Norderneyer Seglervereins ist das Bootshaus, welches im Jahr 2000 zum 75-jährigen Bestehen des Vereins eingeweiht wurde. Über rund 250 Liegeplätze verfügt die Steganlage, die im hinteren, ruhigen Hafenbecken des Norderneyer Hafens liegt. Die Landspitze südlich des Bootshauses ist zudem Zielpunkt des jährlich stattfindenden Inselschwimmens der Deutschen Lebens-Rettungs-Gesellschaft (DLRG), bei der 300 Teilnehmer rund acht Kilometer Nordsee durchqueren, um von der Naturbadestelle Hilgenriedersiel nach Norderney zu gelangen.

Fest verbunden mit der Insel Norderney, die im ostfriesischen Plattdeutsch übrigens »Nördernee« heißt, war schon immer die Seefahrt in jeglicher Form. Die ersten Einwohner, welche ab 1550 in 16 Häusern die Insel bewohnten, lebten in erster Linie vom Fischfang. Über die nächsten Jahrhunderte hinweg waren auch der Kauffahrteihandel, der Muschelfang und die Bergung von Strandgut gute Ertragsquellen. Der Norderneyer Hafen ist heute ein beliebter Anlaufpunkt für Segelschiffe, Motoryachten, Traditionsschiffe und weitere Boote aller Art aus der ganzen Welt.

»Bernhard Gruben« und »Bömmels Bimmelbahn«

Schon ab 1837 befand sich auf Norderney eine Seenotrettungsstation, welche seit 1868 zur Deutschen Gesellschaft zur Rettung Schiffbrüchiger (DGzRS) gehört. Seit 1997 auf Norderney stationiert ist der Seenotkreuzer »Bernhard Gruben«, benannt nach dem Vormann der »Alfried Krupp«, der am 1. Januar 1995 ums Leben gekommen war. Der Name des Tochterbootes »Johann Fidi« ist eine Ehrung der Norderneyer Familie Rass, die drei Generationen an Vormännern gestellt hat. Mit Bömmels blauer Bimmelbahn lässt sich die Insel bei einer Rundfahrt erkunden.

Bunter »Tonnenhof«

Der Norderneyer »Tonnenhof« ist ein Bauhof und eine Außenstelle des Wasser- und Schifffahrtsamts Emden. Hier werden nicht nur die Tonnen, von denen im Winter viele aus dem Wasser genommen werden, repariert und restauriert, um dann im Frühjahr wieder ins Wasser gesetzt zu werden; weitere Tonnen werden hier auch gelagert, gemeinsam mit den Ketten und Gewichten, an denen sie im Wasser befestigt werden. Jede Form und Farbe hat ihre eigene Bedeutung, anhand derer sich die Schiffskapitäne orientieren können.

Wer für sein Auto auf der Rückfahrt sicher einen Platz auf der Fähre bekommen möchte, sollte sich im »Haus Schiffahrt« oder direkt am Hafen rechtzeitig eine Platzkarte reservieren. Im Hintergrund zu sehen ist die große Grasfläche, auf der sich bis 1945 die Landebahn des ehemaligen Norderneyer Flughafens befand. Heute ist diese Weide unbebaut und ein gern genutzter Ort, um Hunden Auslauf zu geben, weshalb das Gelände den inoffiziellen Namen »Hundewiese« trägt.

Norderneyer Hafen

Die erste Landungsbrücke wurde 1871 erbaut. Bis dahin mussten Dampfschiffe und Fährboote im südlichen, parallel zur Insel verlaufenden Fahrwasser ankern, damit die Passagiere auf bereitliegende Boote oder Pferdewagen umsteigen und so die Insel erreichen konnten. Im Schutz des ein Jahr später entstandenen Fahrdammes entstand 1880 der Norderneyer Hafen, einige Erweiterungen erfolgten zwischen 1888 und 1892. Dies erleichterte sowohl das Anlegen von Fährschiffen wie auch den Gütertransport.